ALLOCUTION

PRONONCÉE

Par M. l'abbé GALLET

A SAINTE-MARIE DE TINCHEBRAY

DANS LA RÉUNION DES ÉLÈVES DE PHILOSOPHIE DE 1842

DU PETIT SÉMINAIRE DE SÉEZ

SOUVENIR

DE SON INSTALLATION A SAINT-PIERRE DE CHAILLOT

Le 24 août 1882

PARIS

AUX BUREAUX DE LA SEMAINE RELIGIEUSE

5, PLACE DU PANTHÉON, 5

1882

ALLOCUTION

PRONONCÉE

Par M. l'abbé GALLET

A SAINTE-MARIE DE TINCHEBRAY

DANS LA RÉUNION DES ÉLÈVES DE PHILOSOPHIE DE 1842

DU PETIT SÉMINAIRE DE SÉEZ

SOUVENIR

DE SON INSTALLATION A SAINT-PIERRE DE CHAILLOT

Le 24 août 1882

PARIS
AUX BUREAUX DE LA SEMAINE RELIGIEUSE
5, PLACE DU PANTHÉON, 5

1882

ALLOCUTION

PRONONCÉE

Par M. l'abbé GALLET

A SAINTE-MARIE DE TINCHEBRAY

Le 22 septembre 1874

CHERS CAMARADES ET AMIS,

Je cède bien volontiers aux instances de celui qui nous offre aujourd'hui une si fraternelle hospitalité (1), et qui veut absolument que je vous adresse quelques paroles à l'heure de la séparation, avant la bénédiction du Dieu qui a réjoui notre jeunesse et qui seul peut donner à tous les âges le véritable bonheur.

Déjà une première fois, il y a deux ans, nous avons entendu la convocation d'un ami qui eut

(1) Le R. P. Foucault, directeur des Pères de Sainte-Marie, élève de la classe.

la première pensée et qui donna le premier exemple (1); et nous sommes allés respirer ensemble l'air natal, rafraîchir nos cœurs et rajeunir nos âmes au berceau de nos jeunes ans, et goûter ensemble tous les charmes du souvenir dans ce bien-aimé séminaire de Séez, où nous fûmes heureux de retrouver encore plusieurs de nos anciens maîtres et, à leur tête, cet excellent condisciple dont l'élévation avait été pour notre classe la croix d'honneur attachée au drapeau du régiment.

Dans ce souvenir précieux, nous avons senti comme un souffle lointain du printemps qui passait, et nous avons pu chanter encore :

O printemps de la vie où toute la nature
Chants d'oiseaux, voix du ciel à l'oreille murmure
Dans le secret des bois, dans les brises du soir,
Ces mots qui semblent dire à l'âme éclose : espoir.
Dum nova canities, dum prima et recta senectus,
Dum . . . . pedibus me
Porto meis, nullo dextram subeunte bacillo.

On nous le disait autrefois : deux points suffisent toujours pour indiquer et fixer une ligne

(1) M. l'abbé Courval, supérieur du petit séminaire de Séez.

droite. Ces deux réunions assurent la périodicité de celles qui les suivront dans l'avenir et qui s'appelleront les fêtes du souvenir de notre philosophie.

Goûtons ensemble un instant ces deux mots : *souvenir de philosophie.*

Et d'abord c'est un souvenir.

Qu'est-ce que le souvenir, chers amis? Interrogez tous les grands maîtres, et ils vous diront, chacun dans son langage : le souvenir, c'est le dernier mot de l'amitié. C'est le désir et l'espérance de celui qui part, et c'est le devoir et la consolation de celui qui reste. Ce sont les ailes mystérieuses du cœur qui le transportent toujours où il veut ; c'est la chaîne indéfectible, immortelle, qui prolonge nos affections par-delà les mers, par-delà les déserts et par-delà le tombeau, dans la solitude de l'absence et dans le silence de la mort. Le souvenir, c'est toujours l'union des âmes après la séparation des corps, et c'est la continuation de la vie qui s'éteint dans l'ami qui survit. C'est une image vivante et un écho prolongé. C'est toujours la présence dans l'absence et la parole dans le silence. C'est le retour perpétuel et le renouvellement sans fin du bonheur d'un jour. C'est la vie, puisque l'oubli est la mort.

Le souvenir, c'est la recommandation incessante du ciel à la terre : « Faites ceci en souvenir de moi »; et c'est l'incessante prière de la terre au ciel : « Seigneur, souvenez-vous de moi dans votre royaume. »

Enfin, le souvenir, c'est le souvenir; on peut l'aimer et le sentir, on peut le désirer, on peut le nommer, il ne se définit pas.

Mais pourquoi ces réunions si souvent renouvelées? N'était-ce pas assez de ces grands enseignements reçus et de ces jours si paisiblement écoulés; et pour souvenir, notre vieille amitié ne suffisait-elle pas? Non, chers amis, nous oublions si facilement et si vite. Notre cœur est tellement faible qu'il n'a même pas la force d'un long souvenir. Nos souvenirs les plus doux et nos souvenirs les plus tristes s'effacent insensiblement, et malgré nous, au contact des personnes et des choses. Ils s'évaporent et se dessèchent comme la goutte de rosée aux rayons du soleil; ils s'en vont comme la feuille et la bulle d'air dans le tourbillon de la tempête; et après quelques années, nous nous surprenons un jour regrettant de ne pouvoir plus regretter et pleurer ceux qui furent nos meilleurs amis.

L'aimable inventeur de ces fètes a donc été inspiré d'une sainte et salutaire pensée. Nous serons fidèles à cette belle tradition qui commence. Nous continuerons à fêter nos chers anniversaires longtemps, bien longtemps, malgré les départs pour le ciel, tant que nous vivrons, tant qu'il en restera deux pour s'aimer, pour cultiver ensemble cette petite fleur du souvenir, et pour entretenir pieusement ensemble, jusqu'à la dernière heure, son éclat, sa fraîcheur et son parfum.

Ce souvenir est un souvenir de philosophie.

On nous a souvent raconté que les philosophes de la Grèce entreprenaient de longs voyages pour étudier la philosophie des peuples divers et qu'au retour, en se promenant dans les illustres jardins d'Athènes, ils se communiquaient réciproquement les belles maximes de sagesse qu'ils avaient recueillies parmi les nations éloignées.

Permettez à un de ceux des vôtres qui ont le plus voyagé de vous raconter ses découvertes et de vous confier quelques bonnes maximes de philosophie chrétienne qu'il a recueillies, çà et là, dans les livres, dans les écoles, dans les conversations et dans les retraites, un peu partout.

Vous souvient-il de nos études astronomiques

et surtout de ces belles nuits où nous allions contempler, reconnaître et nommer, compter et mesurer au firmament les îles de feu perdues dans l'océan d'azur?

Les plus brillantes, disent les savants, renferment deux étoiles qui se perdent et se confondent dans une même blancheur.

« C'est l'image des grandes âmes, dit saint Augustin. Elles aussi se composent de la combinaison de deux flammes, l'amour de Dieu et l'amour du prochain. »

Groupons quelques maximes autour de chacun de ces foyers ardents et lumineux, et n'oublions pas que, selon la parole du bienheureux Léonard de Port-Maurice, faire de la philosophie : c'est penser à Dieu, pour devenir meilleur.

1° Ceux qui se mettent en voyage, disent les Chinois, doivent savoir qu'ils ne trouveront aucun pays où ils puissent être sans douleur, sans travail et sans peur. Hélas! il y a déjà longtemps que nous voyageons avec notre philosophie, 32 ans : 32 ans, c'est un temps considérable. Multiplié par 3, il exprime la plus longue vie humaine et, multiplié par 200, il nous conduit jusqu'à la création du monde. Eh bien, tous, chacun dans sa mesure, nous avons expérimenté cette parole toujours rigoureusement vraie.

Mais comme ces mots qui nous font peur, le devoir, la souffrance, le travail, se transfigurent merveilleusement pour l'ami de Dieu, qui peut dire : Je ne crains rien, Dieu est avec moi! Il est dans mon cœur qui est sa barque et je suis dans ma barque qui est son cœur. *Qui manet in me et ego in eo, hic fert fructum multum.*

« En face du devoir, notre cœur, dit Tertullien, a quatre grandes infirmités : Il est faible; pour le détacher il n'est pas besoin d'une tempête, souvent le plus léger souffle suffit. Il est mobile, souvent il aime moins ou il n'aime plus, par la seule raison qu'il aimait hier. Il est avare et resserré en lui-même; toujours avide de recevoir, il craint de se donner. Enfin, il est aveugle; il ne voit pas toujours les amertumes couvertes par certains plaisirs, et les allégresses renfermées dans le devoir; et, instinctivement, il cherche, avant le devoir, le plaisir; le plaisir qui trompe mais qui séduit ce léger papillon, dit saint Augustin, dont les ailes, pour l'œil qui regarde de loin, sont des fleurs, mais pour la main qui touche de près, de la poussière. » Eh bien, Dieu seul nous donnera la force, le dévouement, le sacrifice et la persévérance; lui seul nous apprendra à préférer toujours la conscience à la jouissance, à chercher toujours le devoir avant le plaisir, et à trouver ainsi toujours le plaisir dans le devoir.

Et qu'elle est belle cette grande philosophie de la souffrance! La question de la vie présente n'est pas une question de bonheur mais une question de salut. Nous ne sommes pas sur la terre pour jouir, mais pour mériter; nous ne sommes point à l'heure de la récompense, mais dans toute la rigueur du combat. La souffrance est la grande réalité de la vie chrétienne, puisque dans le ciel nous serons récompensés de nos peines beaucoup plus que de nos plaisirs. Ecoutez encore : souffrir c'est un mérite, mais cacher sa souffrance c'est un bien plus grand mérite encore. « N'imitons jamais, dit saint François de Sales, ces âmes pusillanimes et lamentables qui se plaignent toujours, qui retombent perpétuellement sur elles et sur les autres comme de lugubres saules pleureurs, et souvenons-nous que la joie des véritables enfants de Dieu les a fait comparer par l'Esprit-Saint à un aimable plant de rosiers : *Sicut plantatio rosæ in Jericho.* L'Eglise redit tous les jours : *Rosa mystica, ora pro nobis.* »

Voici maintenant pour le travail. Il n'y a dans notre vie que ce qu'on y met à la sueur de son front. Le travail est notre grand honneur et notre obligation perpétuelle. Travaillons, le regard tourné du côté de Dieu, avec bonne volonté et sans découragement. Dieu ne nous demande pas *curationem* mais seulement *curam*. Jésus-Christ lui-même n'a pas converti tous ceux qui l'ont entendu. Celui qui ne travaille pas est maudit de Dieu et il est méprisé par les hommes, et quand l'histoire le rencontre sur un trône, elle le flétrit et elle l'appelle roi fainéant.

Si le bonheur est le premier rêve de la vie, sa dernière chimère est le repos. Nous ne sommes pas sur la terre pour nous reposer. Un jour, Nicole disait à celui qu'on appelle le grand Arnaud, probablement, selon l'avis du P. Lacordaire, à cause de la grandeur de sa réponse : « Voilà que nous allons avoir l'un et l'autre un peu plus de soixante-dix ans (et nous mettons le cap sur les quatre-vingts), il serait bien temps de nous reposer. » Celui-ci lui prenant la main d'une main froide, mais forte et vigoureuse encore : « Nous reposer, mon ami, nous reposer! mais nous aurons l'éternité pour nous reposer. »

Toutes ces choses, dit-on, sont faciles à dire. Si on voulait s'en donner la peine ou plutôt le plaisir, on comprendrait bientôt qu'elles sont encore plus faciles à faire.

Mais nous sommes si faibles!

Oui, nous sommes faibles sans Dieu, et sans la prière nous ne pouvons rien, mais avec Dieu et la prière nous sommes tout-puissants!

Mais je ne sais pas prier. Ecoutons cette maxime et gardons-la profondément dans nos cœurs pour la redire aux autres.

La prière n'est pas une science mais un sentiment. Elle n'est pas un discours, elle est un cri du cœur — *clamor* — un regard de l'âme — *sicut oculi.*

Crions, dans notre simplicité, comme le pauvre matelot breton : Seigneur, Seigneur, ma barque est si petite et votre mer est si grande! Et à cette heure surtout où il va nous bénir, en priant les uns pour les autres, pour nos vivants et pour nos morts, pour celui d'entre nous qui a le plus besoin de Dieu, souvenons-nous que celui qui nous dit : « Demandez et vous recevrez », est toujours ce Jésus qui passa sur la terre en faisant le bien, ce Jésus de notre première communion et de notre sacerdoce, le Jésus à qui nous pouvons dire tous les jours : *Filius meus es tu, ego hodie genui te.* Ce Sauveur dont il suffisait de toucher la robe pour être guéri, à qui il suffisait de faire entendre sa plainte pour être consolé. Et si nous ne pouvons pas tout lui dire, disons-lui seulement avec confiance et abandon, comme nous le lui aurions dit sur son passage en touchant le bord de sa robe : *O Jesu, fili David, miserere mei*, et il nous comprendra dans un seul mot, et dans sa miséricorde il nous exaucera toujours et nous accordera toujours beaucoup plus que nous n'aurons demandé, et ses bienfaits surpasseront toujours ses plus magnifiques promesses.

2°. Le temps me presse. Arrivons aux maximes de philosophie chrétienne qui se rattachent à l'amour de nos frères. C'est la maxime d'un poète chrétien qui nous servira de transition.

Pour tout obtenir du ciel :

Joindre les mains c'est bien, mais les ouvrir c'est mieux.

Notre professeur de mathématiques nous avait indiqué un seul moyen de multiplication : l'addition. Vous avez 2, vous ajoutez 2, et vous obtenez 4. Il en est un autre beaucoup plus puissant, c'est la soustraction. Vous avez 2, vous donnez 2, et rigoureusement vous obtenez 200, puisque Dieu a promis formellement de multiplier au centuple tout ce que vous donnerez en son nom.

« Quand Dieu forma le cœur du prêtre, dit saint Bernard, il y plaça la bonté. » Soyons bons, chers amis, simplement, sans ostentation et sans bruit. Le bruit ne fait pas de bien et le bien ne fait pas de bruit. C'est comme les astres qui se lèvent et comme les moissons qui grandissent.

Ecoutez maintenant saint Vincent de Paul : « Apportez toujours quelque bien quand vous arrivez au milieu de vos frères »; car, dit saint François de Sales, « c'est déjà un grand mal que de ne pas faire de bien ».

Et pour les paroles : Rien de plus fort que ce qui est doux, rien de plus faible que ce qui est violent. *E forti egressa est dulcedo*. Oui, il faut une grande force pour accepter une injure sans se plaindre et pour garder le sourire sur les lèvres quand l'orage gronde au fond du cœur.

Ne jamais vouloir obliger le prochain de convenir qu'il a tort, c'est souvent nuisible et toujours inutile. Vous lui avez dit votre pensée; cela doit vous suffire.

La vérité qui n'est pas charitable provient d'une charité qui n'est pas véritable. Je ne vous fais pas l'injure d'essayer un développement; c'est trop clair.

« Dans toute discussion, dit M. Ollier, il ne s'agit pas d'arracher les yeux de nos semblables mais de les ouvrir. »

« J'admire votre courage, disait saint Augustin à des religieux plus austères que lui; de grâce, souffrez ma faiblesse. »

Et un de nos plus grands évêques à ces esprits inquiets, chagrins et malheureux qui sentent le besoin de tout blâmer, de tout flétrir, de tout condamner : « Vous n'admirez jamais rien, vous n'approuvez personne; vous êtes jugé. »

Et pour gouverner toutes ces maximes, saint François de Sales : « Le prochain que nous devons aimer n'est pas toujours aimable, mais le Dieu pour qui nous devons l'aimer est digne de tout notre amour. »

Et enfin cette maxime universelle de ce grand apôtre de la douceur : « Tout souffrir des autres et ne rien faire souffrir aux autres, c'est la perfection, c'est le bonheur et c'est le salut. »

Le plaisir le plus délicat c'est celui des autres.

« Le bonheur, dit Joubert, c'est de se sentir bon. »

Oui, en un seul mot, soyons bons, très bons, c'est le conseil suprême de notre aimable maître et admirable modèle, saint François de Sales, bons comme notre père qui est au ciel. Quand nous voulons résumer toutes ses perfections, nous disons le bon Dieu. Quand nous voulons exprimer toutes les miséricordes de Marie, nous disons la bonne Vierge; et pour raconter les services et le dévouement de notre ange gardien, nous disons mon bon ange. Que chacun dise de nous comme on le disait de notre divin modèle qui passait en faisant le bien, *bonus est*, et nous aurons fixé notre honneur, notre bonheur et notre salut.

Que vous dirai-je encore? Votre attention si pleine de vie sollicite de nouvelles paroles. Encore un mot et je finis.

Il y a quelques jours, j'entendais un saint prédicateur de retraite qui, après avoir présenté le double tableau des douleurs de l'Eglise et des malheurs de la patrie, de cette pauvre France qui nous est devenue plus chère en proportion de ses malheurs, et que nous aimons tous comme on aime sa mère quand elle souffre et quand elle pleure, s'écriait : « Ne faisons pas le *meâ culpâ* sur la poitrine des autres; mais en frappant la nôtre, disons que les fautes du clergé sont au moins pour un quart dans les châtiments qui nous accablent. »

Et voilà qu'après la conférence, un des anciens du chapitre va trouver l'orateur et lui dit : « Monsieur le prédicateur, il me semble que vous avez commis une erreur grave. — Comment donc, cher confrère, parlez, je suis tout prêt à reconnaître cette erreur et à proclamer la vérité. — Vous avez dit que les fautes des prêtres sont pour un quart dans nos malheurs. Eh bien, j'ai approfondi la question, et je suis sûr qu'elles y sont au moins pour un tiers. »

Quoi qu'il en soit, quelle que soit la proportion, s'il y a lieu, réparons le passé, préparons l'avenir, consolons l'Eglise et sauvons la patrie.

Mais, dira-t-on, que puis je faire, moi tout seul? Sans doute, l'unité seule est impuissante, mais l'union des unités fait la force comme elle fait le bonheur. C'est peu de chose une petite goutte d'eau, mais réunissez toutes les gouttes d'eau tombées sur nos toits, sur nos arbres, sur nos montagnes, captives dans les fontaines, errantes dans les ruisseaux et les rivières, et puis voyez : c'est le grand fleuve et c'est l'immensité des mers. C'est peu de chose un grain de sable, mais réunissez tous les grains de sable du rivage, et puis voyez : c'est la grande force qui brise et arrête les formidables ascensions des vagues mugissantes. C'est peu de chose une pierre, mais réunissez toutes les pierres de la carrière, et puis voyez : c'est la pyramide qui défie toutes les fureurs des vents et des tempêtes. C'est peu de chose un soldat qui passe dans le chemin, mais réunissez un million de soldats rangés en ordre de bataille, et puis voyez. C'est peu de chose pour le salut de l'Eglise et de la patrie un bon prêtre, mais que nos cinquante mille prêtres de France soient de véritables apôtres et, s'il le fallait, des martyrs, et puis voyez : c'est l'Eglise et la patrie régénérées, c'est la grande nation ressuscitée et glorifiée pour toujours. Et on pourra redire aussi de cette noble patrie :

Salve, magna parens frugum.....
Magna virum.

Quelle que soit donc notre mission, chers amis,

sacerdoce de la famille ou sainte paternité des âmes, de plus en plus efforçons-nous de passer sur la terre en faisant le bien : *Laboremus.*

Toujours fidèles à la vertu, fermes dans le devoir, généreux dans le travail et dans le dévouement, gardons à notre âme sa bonté, sa noblesse, sa dignité, sa véritable grandeur. Une bonne âme de prêtre, c'est une si belle chose. Il y a tant de lumière et tant de puissance dans ce beau miroir de Dieu.!

Gardons toujours cette beauté spirituelle, morale surnaturelle, plus durable que les plus longues années, qui, toujours ancienne et toujours nouvelle, s'épanouit dans les dernières glaces de la vieillesse comme au milieu des fleurs du printemps, et donne toujours au maintien sa dignité, à la démarche sa noblesse, au geste sa grâce, à la parole sa douceur, au sourire son charme, au regard sa délicatesse et sa puissance, à la physionomie tout entière sa lumière et sa vie.

Soyez toujours au foyer de la paroisse ou de la famille cette chose ineffable que nos livres sacrés, dans leur beau langage, appellent : Le rayon qui éclaire, la fleur qui embaume, le sel qui conserve, l'anneau qui lie, la harpe qui calme et adoucit, la voix qui console, le sourire qui réjouit, le regard qui charme et purifie, la main qui donne, le bras qui soutient, l'ange qui garde et qui sauve.

Hélas! nous avons été jeunes et voilà que les ombres s'allongent et la nuit vient peu à peu. Voilà que nous avons senti frissonner à nos tempes les fils d'argent, ces cheveux blancs que les langues poétiques du Midi appellent les fleurs du cimetière. Ne nous regrettons pas comme ceux qui n'ont plus d'espérance! Ne regrettons pas, chers amis, ces jours de la jeunesse si rapides à passer, mais réjouissons-nous puisque ces jours qui passent si vite nous conduisent à des jours qui ne passeront jamais, et ne craignons pas de traverser la vieillesse aux portes de laquelle nous arriverons bientôt.

Si la jeunesse a ses joies et ses espérances, la vieillesse a ses consolations et ses grandeurs.

Si les noces de la jeunesse et de la virilité s'appellent noces d'argent, celles de la vieillesse sont des noces d'or.

Si la jeunesse, dit encore la vraie philosophie, est la plus belle fleur qui soit au monde, la vieillesse est le plus savoureux des fruits. Et il y a toujours plus de douceur dans le fruit mûr que dans le fruit vert.

Si la jeunesse est la pierre fondamentale de la vie, la vieillesse en est le dôme majestueux, avec ses moulures et son blanc couronnement. Et il y a tant de lumière dans ses rides et tant de gloire dans ses cheveux blancs quand ils s'éclairent du crépuscule de l'éternité.

Si la jeunesse est la semence, la vieillesse est la moisson : *Euntes ibant et flebant mittentes semina sua; venientes autem venient cum exultatione portantes manipulos suos.*

Si la jeunesse est la force et l'agilité, la vieillesse est la science, l'expérience et la dignité.

Si la jeunesse est le matin de la vie, la vieillesse en est le soir. Et au soir les choses de la terre disparaissent; le regard monte instinctivement vers le ciel et c'est alors qu'il aperçoit dans tout son éclat, au milieu des soleils de la nuit, l'étoile polaire, ce mystérieux symbole de la véritable sagesse.

Enfin si la jeunesse est le départ, la vieillesse est l'arrivée, et si la jeunesse est le vestibule de la vie, la vieillesse est le vestibule du paradis. C'est le Samedi saint, la veille de la résurrection et du triomphe, dans les joies de l'immortel *Alleluia.*

Puissiez-vous, chers amis, arriver tous à cette vieillesse, couronne d'une belle vie, que l'Eglise appelle désirable : *Adoptatam perveniant senectutem.* Puissiez-vous être toujours aussi heureux que vous êtes bons, aussi heureux que vous m'êtes chers. Puissent enfin nos âmes se retrouver encore un jour à la grande fête de l'éternel souvenir, par-delà la vieillesse et par-delà le tombeau, pour répondre avec confiance au Dieu de l'éternité, qui nous dira d'où venez-vous ? Seigneur, nous venons de la terre où nous vous avons aimé, où nous nous sommes aimés ; nous venons pour nous aimer encore en vous aimant toujours dans votre éternité !

PARIS. — E. DE SOYE ET FILS, IMPRIMEURS, 5, PLACE DU PANTHÉON.

www.ingramcontent.com/pod-product-compliance
Ingram Content Group UK Ltd.
Pitfield, Milton Keynes, MK11 3LW, UK
UKHW022204190726
13855UKWH00004B/1614

9 782013 046183